LA LOI GOMBETTE,

PAR

M. R. DARESTE.

(Extrait du Journal des Savants. — Juillet 1891.)

La *lex Burgundionum*, appelée aussi du nom de son auteur *lex Gundobada*, loi Gombette, a fait l'objet d'un grand nombre de travaux depuis une trentaine d'années. On s'est particulièrement efforcé d'en établir le texte d'une manière définitive. Blume a donné (en 1863) dans les *Monumenta Germaniæ historica* une édition fondée sur la comparaison de douze manuscrits cotés par lui de A à L, dont huit à Paris, un au Vatican, un à Wolfenbüttel, un à Ivrée et le dernier à Saint-Paul en Carinthie. Mais, tout en rectifiant beaucoup d'erreurs des précédentes éditions, Blume en a lui-même commis de nouvelles qui ont été sévèrement relevées par la critique, en France et en Allemagne. M. de Hubé, dans la *Revue historique de législation* (en 1867), a démontré que le travail de Blume était à refaire. C'est aussi l'opinion exprimée par Binding (en 1868) et par Jahn (en 1874), qui ont publié chacun une histoire du royaume des Burgondes. Le premier a même essayé de donner une nouvelle édition dans le recueil intitulé *Fontes rerum Bernensium*. Ces travaux, à côté desquels on pourrait encore en citer beaucoup d'autres, ont singulièrement éclairci les questions, sans toutefois les résoudre définitivement. Aujourd'hui on est plus près de la solution, grâce aux efforts d'un savant lyonnais, M. Valentin-Smith, qui, après avoir fourni une longue et honorable carrière au barreau et dans la magistrature, a employé ses dernières années à l'étude de la loi Gombette. Il s'est procuré à grands frais, non seulement des collations, mais des copies entières des manuscrits consultés par Blume et d'un treizième manuscrit depuis longtemps disparu et récemment réintégré à la Bibliothèque nationale à Paris. Il a publié tous ces textes un à un et posé ainsi les bases les plus solides pour une nouvelle édition qu'il n'a pas eu le temps d'achever. La mort vient de le frapper au moment où il donnait au public le dernier fascicule de son recueil. Les précieux matériaux qui s'y trouvent réunis sont aujourd'hui à la portée de tous. Un autre que lui en tirera un texte qui satisfera à toutes les exigences de la science et remplacera tous les précédents. En attendant, on peut dès à présent signaler les résultats qui paraissent acquis et esquisser avec une précision et une certitude suffisantes la formation de la loi des Burgondes.

Il importe avant tout de dégager le code proprement dit, en distinguant et en éliminant les additions postérieures. La seule inspection des manuscrits rend ce travail facile.

Il faut éliminer d'abord la première préface, qui ne se trouve que dans deux manuscrits (K et I). Encore convient-il d'observer que dans le manuscrit I cette préface est écrite en marge d'une main plus récente. Empruntée peut-être à la première édition du code de Gondebaud, elle n'est pas à sa place avant l'intitulé du livre. C'est évidemment un hors-d'œuvre.

Il faut éliminer en second lieu les deux groupes de dispositions qui, dans l'édition de du Tillet, portent le nom d'*additamenta*. Le code se composait de quatre-vingt-huit titres, à la fin desquels plusieurs manuscrits insèrent la mention *Explicit liber constitutionum*. L'*additamentum secundum* n'est donné que par deux manuscrits (L et M), et dans l'un des deux (L) il est placé avant l'*additamentum primum*. Quant à celui-ci, il se trouve en entier dans sept manuscrits, mais d'ordinaire sous une nouvelle série de numéros. Deux manuscrits (F et H) en donnent seulement le premier titre. Deux autres (G et K) n'en contiennent aucun. D'autres (comme L) en omettent plusieurs. C'est donc bien à tort que Blume a considéré ces deux *additamenta* comme partie intégrante du code.

Enfin deux constitutions, l'une de Gondebaud, *De reis corripiendis*, l'autre de Sigismond, *De collectis*, se trouvent seulement dans le manuscrit L, parmi les appendices.

Dégagé de toutes ces additions placées arbitrairement au commencement ou à la fin du recueil, le code proprement dit comprend seulement l'intitulé, la préface et quatre-vingt-huit titres, dont le premier a pour rubrique *De libertate donandi* et le dernier *De libertatibus*.

Nous n'avons invoqué jusqu'ici que des raisons externes, tirées de l'inspection des manuscrits. Quand nous étudierons en elles-mêmes les additions dont il s'agit, nous verrons que leur élimination se justifie par des raisons internes non moins fortes.

Nous pouvons maintenant étudier le code proprement dit.

Et d'abord l'intitulé. Six manuscrits sur douze donnent la formule suivante : « Anno secundo regni domni nostri gloriosissimi Sigismundi regis, liber constitutionum editus sub die IV kal. april. Lugduni. » Sigismond étant monté sur le trône en 516, la date de la publication du code se trouve ainsi fixée au 27 mars 517.

Il est vrai que six autres manuscrits portent *Gundobadi regis*, au lieu de *Sigismundi regis*; mais cette substitution du nom de Gondebaud à celui de Sigismond s'explique assez facilement. En effet le code publié par Sigismond n'est qu'une nouvelle édition du code de Gondebaud, avec quelques remaniements. Même sous cette dernière forme, la loi des Burgondes porte toujours le nom de loi Gombette, *lex Gundobada*. On comprend que dans ces circonstances un copiste du IXe ou du Xe siècle ait pu prendre un nom pour un autre et écrire partout celui de Gondebaud. On comprendrait difficilement au contraire que, si le véritable intitulé portait le nom de Gondebaud, un copiste eût imaginé d'écrire celui de Sigismond.

Une autre raison de décider se tire de la date, *anno secundo regni*. La seconde année du règne de Gondebaud ne convient pas. En effet Gondebaud a commencé à régner en 470. Il partageait alors le royaume avec ses trois frères. Il est devenu seul roi en 500. Mais le code que nous représentent les manuscrits est certainement postérieur à 472 et même à 502. On y trouve quatre constitutions datées des années 501, 502, 513, 515, et deux de l'année 518, le 4 des calendes d'avril. Ces deux dernières constitutions, qui forment les titres LII et LXII, sont de Sigismond. Elles n'ont pu être insérées dans le code de Gondebaud que lors d'une revision faite par Sigismond. C'est donc cette revision que nous avons sous les yeux.

Après l'intitulé vient la préface. Celle-ci est bien de Gondebaud. Il déclare qu'après avoir tenu conseil avec les comtes et les grands du royaume il a mis en ordre et corrigé les lois des Burgondes. Il interdit aux juges et s'interdit à lui-même de recevoir des présents pour l'administration de la justice. Les juges devront prononcer d'après la loi et ne contraindront personne à terminer un procès par une composition pécuniaire. Toute infraction à cette défense sera punie de la peine capitale. Les greffiers seuls (*notarii*) sont autorisés à percevoir sur chaque cause un droit qui ne peut s'élever au-dessus d'un tiers de sou (5 francs). Les procès des Romains entre eux seront jugés par le droit romain, et il sera fait pour leur usage un code spécial. On ne pourra recourir au roi que dans les cas non prévus par la loi. Le juge, burgonde ou romain, qui

1.

aura mal jugé par ignorance ou négligence, payera 30 sous d'amende (450 francs). Celui qui aura commis un déni de justice, après trois sommations, payera 12 sous (180 francs). Mêmes peines contre les parties qui auront, sans fondement, accusé le juge de corruption ou de déni de justice.

Jusqu'ici tout est facile à comprendre. Il en est autrement du paragraphe 12, ainsi conçu : « Et ne forte per absentiam deputatorum judicum negotia differantur, nullam causam absente altero judice vel Romanus comes vel Burgundio judicare præsumat; quatenus studeant ut sæpius expetentes se de legum ordine incerti esse non possint. » Il serait fastidieux de rapporter et de discuter les diverses explications qu'on a données de ce texte. Aucune ne nous paraît satisfaisante. Remarquons d'abord que le *judex deputatus* n'est autre que le comte, sous un autre nom, et en second lieu qu'il n'est pas possible d'admettre qu'il y ait eu dans chaque comté deux comtes, un pour les Romains et un autre pour les Barbares[1]. Cela posé, le sens le plus naturel nous paraît être celui-ci : « Afin d'éviter que les affaires ne traînent en longueur à cause de l'absence des juges, aucun comte, qu'il soit burgonde ou romain, ne pourra remplacer un collègue absent. Ainsi les juges s'appliqueront à faire droit aux demandes réitérées des parties[2]. » En d'autres termes aucun juge, c'est-à-dire aucun comte, ne pourra dégager sa responsabilité personnelle en se faisant remplacer par un collègue. La partie pourra toujours le mettre trois fois en demeure de juger et le faire ensuite condamner pour déni de justice.

Cette constitution et le code tout entier portent la signature de trente-deux comtes, qui approuvent le tout et s'engagent à en assurer l'exécution.

Le code promis aux Romains par cette constitution et connu sous le nom de *Papiani responsum* a été rédigé et promulgué après que les Romains du royaume visigoth avaient reçu le leur, c'est-à-dire après l'an 504. Il semble en effet que les rédacteurs du *Papien* ont eu sous les yeux le *Breviarium Aniani*. La constitution dont nous parlons a donc été rédigée quelques années auparavant. On peut la placer en 502. D'autre part elle parle de lois plus anciennes (*sicut a parentibus nostris statutum est, prioris legis forma*). Il existait donc un ancien recueil de constitutions antérieur à l'an 470, date de l'avènement de Gondebaud. Nous voyons

[1] C'est pourtant ce qu'admettent, mais sans preuve, plusieurs savants, entre autres Bethmann Hollweg, *Gesch. des Civilprozesses*, et Jahn, t. I, p. 134.

[2] Une constitution postérieure, qui forme le titre LXXXI du code de Gondebaud, enjoint au juge de juger dans les trois mois.

par là que le code de Sigismond a été, en quelque sorte une troisième édition de la loi burgonde. La première remonterait au milieu du ve siècle, la seconde aurait été publiée en 502, la troisième en 517. C'est cette dernière qui est seule parvenue jusqu'à nous.

Quand on parle de code, il faut bien s'entendre sur le sens de ce mot. Le code burgonde a été composé sur le modèle des codes Grégorien, Hermogénien et Théodosien. C'est un simple recueil de constitutions et de rescrits donnés à des dates diverses. Sur des 88 titres dont se compose le code dit de Gondebaud, les 41 premiers remontent pour la plupart, au moins pour le fond, à une époque relativement ancienne. Ils datent soit des premières années du règne de Gondebaud, soit même du règne de son père Gundioch. Le titre XLII est une constitution datée de septembre 501 à Ambérieux. Les titres suivants sont des novelles postérieures, presque toutes du règne de Gondebaud, quelques-unes du règne de Sigismond, et insérées dans le code par ce dernier.

Après ces explications nous pouvons donner un aperçu des dispositions contenues dans ce code, où elles se suivent pêle-mêle, sans ordre ni méthodique ni chronologique. Les plus importantes, celles qui dominent toutes les autres, sont celles qui ont trait à l'établissement des Burgondes sur le sol romain. Peu de questions historiques ont été aussi controversées. Les textes sont rares et obscurs. On ferait un volume si l'on voulait discuter ou même simplement exposer tous les systèmes qui ont été mis en avant pour expliquer le partage des terres. Il y a cependant quelques points qui se dégagent avec certitude. Gaupp[1] a très bien montré, et aujourd'hui personne ne le conteste, que les Burgondes ont été reçus par les Romains comme des hôtes, c'est-à-dire comme des militaires logés chez l'habitant, conformément aux règlements faits par les empereurs et conservés dans les codes de Théodose et de Justinien. Il faut ajouter toutefois que ceux d'entre les Burgondes qui avaient reçu du roi des terres prises sur le domaine de l'État ont été tenus en dehors du partage, qui n'était qu'un moyen subsidiaire accordé aux personnes non pourvues d'ailleurs. Mais les Burgondes n'ont pas été seulement cantonnés chez l'habitant, ils ont été apportionnés. Gondebaud nous apprend lui-même (au titre LIV) que, par une constitution qui date du commencement de son règne, il a conféré aux Burgondes un droit aux deux tiers des terres cultivées et au tiers des esclaves. Pour les bâtiments ruraux (*curtis*) et les vergers, le partage devait se faire par moitié. Les

[1] *Die germanischen Ansiedelungen und Landtheilungen in den Provinzen des römischen Westreiches*, 1844.

forêts restaient indivises, avec un droit égal pour le Burgonde et le Romain. Chacun des deux pouvait y défricher librement, à la seule condition de faire raison à l'autre, en lui procurant l'usage d'une étendue de forêt égale à l'étendue défrichée (tit. XIII, LIV)[1]. Si le Burgonde et le Romain restaient dans l'indivision, l'un des deux ne pouvait planter des vignes *in campo communi* sans le consentement de l'autre, qui pouvait toujours exiger le complément de l'étendue primitive du champ (tit. XXXI). Enfin une constitution qui paraît plus récente (tit. LXVII) décide que les forêts seront partagées entre les voisins à raison de l'étendue des terres cultivées, en laissant toujours au Romain la moitié des essarts.

Sous la forme du cantonnement militaire c'est bien là, ce semble, un partage de propriété. La portion de terre attribuée au Burgonde est si bien sa propriété qu'il peut la vendre, s'il en a une autre ailleurs, et que l'hôte romain ne peut y rentrer qu'en exerçant un droit de retrait, c'est-à-dire en payant le prix (tit. LXXXIV). De même pour l'esclave. La loi prévoit que le *tertium mancipium*, c'est-à-dire l'esclave attribué au Burgonde, sera tenté de s'enfuir. Elle interdit de le recéler et enjoint de le ramener à son maître, *ad dominum* (tit. XXXIX, § 4).

On a cependant soutenu que le partage avait uniquement pour objet les fruits, et non le fonds[2]. On a invoqué le titre LV, qui enjoint aux Burgondes de s'abstenir dans les procès qui peuvent s'élever entre leurs hôtes romains sur les limites de leurs propriétés respectives. La loi veut que le procès soit soutenu par les Romains seuls. Celui des deux voisins qui aura gagné fera ensuite raison à son hôte burgonde. Ce dernier, dit-on, n'est donc pas un propriétaire, car, s'il l'était, il aurait le droit d'intervenir. Mais on peut répondre que, si le Burgonde n'est qu'un métayer, la disposition est inutile, car il va de soi qu'un métayer n'est pas recevable à intervenir dans un procès sur la propriété. La vérité est que la loi a voulu déroger au droit commun par une disposition expresse. Elle interdit au Burgonde d'intervenir, quoiqu'il soit propriétaire, parce qu'en général elle lui interdit de se présenter en justice pour un Romain, parce qu'entre un Romain et un Burgonde la partie n'est pas égale (chap. XXII). D'ailleurs n'est-ce pas le Romain qui a tous les titres de propriété et qui pourra le mieux en faire la preuve?

On a encore invoqué le titre LXXIX, qui traite de la prescription. Le

[1] Les forêts avaient alors si peu de valeur que toute personne avait le droit d'y couper bois mort et mort bois (*de jacentivis et sine fructu arboribus*) [tit. XXVIII].

[2] Voir Fustel de Coulanges, *Histoire des institutions politiques de l'ancienne France*, et Léouzon Leduc, *Le régime de l'hospitalité chez les Burgondes*, dans la *Revue historique de droit*, 1888.

paragraphe 1 ordonne « ut si quis in populo nostro barbaræ nationis personam, ut in re sua consisteret, invitasset, aut si ei terram ad habitandum voluntarius deputasset, eamque per annos quindecim sine tertiis habuisset, in potestate ipsius permaneret; neque exinde quidquam sibi ille qui dederit sciat esse reddendum ». Ce texte, a-t-on dit, s'applique à l'*hospes barbarus*. S'il est resté quinze ans sans payer de redevance au Romain, il prescrit la propriété du fonds et l'affranchissement de toute redevance. D'où l'on conclut que, tant qu'il n'a pas acquis la prescription, il n'est en réalité qu'une sorte de métayer.

Il y a dans cette argumentation une part de vérité. Les *tertiæ* dont parle le texte sont bien en effet des redevances. Les textes de Sidoine Apollinaire cités par Fustel de Coulanges ne laissent aucun doute à cet égard. On peut en ajouter beaucoup d'autres. Ainsi dans un papyrus italien du VIe siècle (Marini, n° CXXXVIII) on trouve mentionné un écrit ainsi désigné : *Pittacium Verecundi . . . de titulis tertiarum*. Il est souvent question des *tertiæ* dans les monuments lombards. La tierce apparaît encore comme une redevance dans des chartes bourguignonnes des XIIe et XIIIe siècles. Le non-payement de la tierce est un signe de la propriété (*absque terciis velut propria tenerent*)[1].

Pour donner au mot *tertiæ* un autre sens, il faut traduire avec Blume : « Le Burgonde qui a possédé librement les deux tiers qui lui reviennent, à l'exclusion du tiers qui ne lui revient pas. » Mais cette traduction est inadmissible. On ne peut pas prêter au législateur une pareille naïveté.

Jusqu'ici nous sommes d'accord avec les auteurs de l'objection, mais ce qu'ils ne prouvent pas, c'est que dans le titre LXXIX il s'agisse de l'*hospes barbarus*. Ce titre s'explique par le titre LVII, ainsi conçu : « Burgundionis libertus qui domino suo solidos XII non dederit, ut habeat licentiam, sicut est consuetudinis, quo voluerit discedendi, nec tertiam a Romanis consecutus est, necesse est ut in domini familia censeatur. » En d'autres termes, l'esclave affranchi par un Burgonde est considéré comme faisant partie de la famille de son patron, à moins qu'il n'ait acquis le droit d'aller où il veut, en payant la somme de douze sous, suivant la coutume, ou qu'il n'ait obtenu d'un Romain un morceau de terre à cultiver moyennant la redevance du tiers des fruits. Il s'agit donc ici d'un simple bail à colonage. Il en est de même dans le titre LXXIX, où l'on suppose qu'un barbare a été appelé par un propriétaire qui lui a

[1] Pérard, *Recueil de plusieurs pièces curieuses servant à l'histoire de Bourgogne*, p. 118, et dans le même recueil, p. 96, 122, 325, 327, 476, et les nombreux exemples cités par Ducange, v° *tertia*, n° 4.

concédé volontairement un champ à cultiver. On n'est pas ici dans le cas de l'hospitalité obligatoire ni du partage imposé par la loi. C'est donc vainement qu'on a invoqué ce texte pour établir que l'*hospes barbarus* n'avait part qu'aux fruits et encore moyennant une redevance [1].

Le sacrifice que le partage imposait au *possessor romanus* n'était pas sans compensation. Il obtenait en effet par ce moyen la décharge, pour lui et pour ses colons, du service militaire et de l'*annona militaris*. Il espérait en outre la décharge du *tributum*, qui était écrasant à tel point que, pour s'y soustraire, les propriétaires délaissaient leurs biens et prenaient la fuite. Frédégaire dit expressément que les Gallo-Romains invitèrent eux-mêmes les Burgondes à s'établir chez eux, *ut tributa reipublicæ potuissent renuere* [2]. C'est ce qui explique comment le partage des terres et des esclaves se fit sans difficulté, à titre de contrat commutatif, où chacune des deux parties trouvait son avantage. Aussi la loi ne fait aucune distinction entre les propriétaires, qu'ils soient romains ou barbares. Elle les soumet tous aux mêmes obligations de police, aux mêmes charges de voisinage. Les uns et les autres contribueront également aux réquisitions qui seront faites pour le service public, par exemple pour héberger les envoyés des nations étrangères à leur passage. Tous sont également tenus de fournir un abri aux voyageurs, *tectum et focum*, et si le Burgonde indique au voyageur la maison du Romain, afin de se décharger, il payera au Romain 3 sous, et autant au roi à titre d'amende (tit. XXXVIII).

L'établissement territorial des Burgondes ne s'est donc pas fait par la conquête. Il a été le résultat d'un contrat librement consenti entre les anciens et les nouveaux habitants, et également avantageux pour les uns et les autres. Les Burgondes étaient d'ailleurs moins nombreux que les Romains et paraissent avoir été rapidement absorbés. Le code de Gondebaud proclame presque à chaque page l'égalité des deux populations [3].

Cette égalité se manifeste surtout dans le tarif du *wergeld*. Le prix du sang est le même pour le Romain comme pour le Barbare : 300 sous pour un noble, 200 pour une personne de la classe moyenne, 150 pour

[1] Voir en ce sens Gaupp, p. 365; Binding, p. 33; Jahn, I, p. 520.

[2] Chronique de Frédégaire, édition Monod, liv. II. Frédégaire place le fait en l'an 372, mais l'anachronisme est évident. Le *tributum* fut probablement modéré, mais non supprimé. Le titre XL de la *lex romana Burgundionum : sine censu vel reliquis comparari nihil posse*, maintient les dispositions du code Théodosien sur le caractère réel de l'impôt foncier : « A venditionis tempore soluti tributi reliqua emptor exsolvat, et tributum præsenti delegatione suscipiat. »

[3] La tendance de Gondebaud est bien mise en relief par Grégoire de Tours, II, 33 : « Burgundionibus leges mitiores dedit ne Romanos opprimerent. »

une *minor persona* (tit. II). Il en est de même pour les esclaves romains ou barbares; leur *wergeld* varie de 30 à 150 sous suivant le métier qu'ils exercent, orfèvres, argentiers, forgerons, charpentiers, porchers ou laboureurs[1]. S'il y a un tarif spécial de 60 sous pour l'esclave barbare employé dans la maison du roi ou à l'armée, c'est que les Romains étaient dispensés du service militaire (tit. X). Les affranchis étaient sans doute traités comme *minores personæ* et n'avaient pas de *wergeld* spécial.

D'après une ancienne coutume, le patron burgonde avait sur son affranchi plus de droits que le patron romain. Il le gardait près de lui, sans doute comme colon attaché à la glèbe. Pour acquérir la liberté absolue d'aller et venir, l'affranchi devait payer 12 sous à son patron. Pour la plus légère offense le patron pouvait révoquer l'affranchissement. De ces deux dispositions Gondebaud maintient la première (tit. LVII), mais il réforme la seconde. La révocation ne pourra plus être exercée que par jugement, et le droit de la provoquer n'appartiendra plus qu'au maître qui a fait l'affranchissement, à l'exclusion de ses héritiers (tit. XL).

Le système du wergeld fait le fond de tout le droit criminel burgonde. Il avait été introduit pour mettre fin aux vengeances privées, mais les mœurs barbares résistaient à cette innovation. L'exemple de la célèbre Crimhild dans la légende burgonde des Nibelungs, celui de la reine Clotilde dans l'histoire nous montrent jusqu'où pouvait aller la passion de la vengeance considérée comme l'accomplissement d'un devoir. Gondebaud fait encore un pas de plus que ses prédécesseurs. Pour le cas de meurtre volontaire d'un homme libre, ou d'un esclave burgonde appartenant au roi, il interdit le payement du wergeld et établit la peine de mort (tit. II). Les juges burgondes cherchent bien à éluder cette loi et obligent les parties à recevoir le prix du sang; mais Gondebaud les rend personnellement responsables de leur désobéissance et tient la main à ce que la loi soit appliquée dans toute sa rigueur (préface de Gondebaud). Une autre disposition interdit expressément aux parents de la victime de poursuivre des innocents avec le coupable. C'est que, d'après l'ancienne coutume, le droit de la vengeance s'étendait à toute une famille, et le wergeld à payer comme à recevoir se partageait entre les parents (tit. II, § 6).

[1] Les esclaves exerçaient toutes sortes d'industries pour le compte de leur maître, qui était responsable de leurs fautes, sauf à se dégager de cette responsabilité par l'abandon noxal (tit. XXI). Il était interdit de leur prêter de l'argent sans l'autorisation de leur maître.

Pour tous les autres cas, le wergeld est maintenu, sans distinction entre Romains et Barbares. Pour le meurtre provoqué par coups ou injures, le tarif est réduit de moitié (tit. II). De même pour les blessures qui entraînent mutilation. Quant aux autres blessures, dont le tarif est donné plus bas, celles qui sont cachées par les vêtements se payent au taux simple. Les blessures au visage se payent triple (tit. XI). Une dent cassée se paye de 5 à 15 sous pour un homme libre, 3 sous pour un affranchi, 2 sous pour un esclave (tit. XXVI). Lier un homme sans juste motif entraîne une indemnité de 3 à 12 sous, et en outre une amende égale à payer au roi (tit. XXXII). Même peine pour toutes voies de fait sur la personne d'une femme (tit. XXXIII). Celui qui frappe un homme libre paye 1 sou pour chaque coup, et en outre 6 sous d'amende. Si la victime est un *libertus alienus*, ou un *servus alienus*, la peine décroît dans la proportion déjà indiquée pour les blessures. Pour avoir pris aux cheveux un homme libre, on paye, si c'est d'une main, 2 sous, si c'est des deux mains, 4 sous, et de plus 6 sous d'amende (tit. V). Le fait seul d'avoir tiré l'épée, qu'on ait frappé ou non, entraîne une amende de 12 sous (tit. XXXVII).

Ce tarif était loin de prévoir tous les cas possibles. Aussi a-t-il fallu le compléter par des novelles. Le titre XI ne parlait que des blessures faites avec le fer. Le titre XLVIII applique la même peine aux blessures faites à coups de pierres ou à coups de bâton quand le blessé aura définitivement perdu l'usage du membre atteint. La peine est réduite au dixième en cas de guérison complète. Une autre novelle (tit. L) fixe à 150 sous le wergeld dû pour le meurtre d'un *actor regiæ domus*, c'est-à-dire d'un régisseur des biens du domaine royal. Pour les régisseurs des biens de simples particuliers, le wergeld n'est que de 100 sous.

Ces peines ne s'appliquent qu'aux hommes libres; quant aux esclaves, la loi les punit de mort dans presque tous les cas. Par exception elle ne condamne qu'à cent coups de bâton l'esclave qui frappe du poing un homme libre (tit. V, § 5).

Le vol tient une grande place dans toutes les lois barbares. La loi burgonde distingue le grand et le petit vol, suivant la valeur de l'objet volé. Dans la première classe elle range le vol d'un esclave, d'un cheval ou d'une jument, d'un bœuf ou d'une vache; dans la seconde classe elle met le vol d'un porc, d'une brebis, d'une abeille ou d'une chèvre. Chacune de ces choses a son prix légal. Un esclave vaut 25 sous; un cheval, de 6 à 10 sous; une jument, 3 sous; un bœuf, 2 sous; une vache, 1 sou; un porc, une brebis, une abeille, 1 sou; une chèvre, un tiers de sou.

Le vol de première classe est puni de mort, outre la restitution de la chose volée ou de sa valeur. Si le coupable est un esclave, le maître est responsable de la restitution. Pour les petits vols, si le coupable est un homme libre, il paye 12 sous d'amende et restitue trois fois la valeur de la chose volée. S'il est esclave, il reçoit 300 coups de bâton. Le maître est responsable de la restitution, mais au simple seulement.

La loi prévoit spécialement, mais frappe de moindres peines le fait d'avoir enlevé la sonnette ou les entraves d'un cheval ou d'un bœuf, ou de s'être servi de ces animaux sans la permission du propriétaire (tit. IV).

Le vol commis avec violence est puni, dans tous les cas, de la restitution à neuf fois la valeur de la chose volée (*in novigildo*, tit. IX). Le vol de grand chemin, le vol avec effraction sont punis de mort (tit. XXIX).

Lorsqu'une bête a été volée, le maître qui la suit à la trace a le droit d'entrer dans la maison où les traces aboutissent et d'y faire une perquisition. Si le maître de la maison refuse d'ouvrir sa porte, il est puni comme voleur (tit. XVI). Pour retrouver la chose volée, on allait souvent consulter le sorcier, *vegius*, qui donnait des indications moyennant un salaire fixé par une loi[1]. Si l'indication se trouvait fausse, le sorcier payait la valeur de la chose volée (*ibid.*).

De même que les lois sur les attentats contre les personnes, les lois sur le vol ont été complétées par des novelles, insérées dans la seconde partie du code. Ainsi une constitution déclare que la femme du voleur, si elle ne dénonce pas son mari sur-le-champ, sera réputée complice et livrée comme esclave au maître de l'animal volé. Il en sera de même des enfants âgés de plus de quatorze ans (tit. XLVII). Le vol de moisson en grange est puni de la restitution au triple, outre l'amende. Si le coupable est un esclave, il reçoit trois cents coups de bâton et le maître restitue au simple (tit. LXIII). L'homme qui a encouru la peine de mort pour vol peut se réfugier dans une église. Protégé par le droit d'asile, il peut racheter sa vie en payant le prix de la chose volée et une amende de 3, 6 ou même 12 sous suivant les cas (tit. LXX). Toute composition est interdite en matière de vol. Celui qui en accepte une, à l'insu des juges, est puni de la peine que le voleur aurait subie, et le juge qui se prête à un arrangement de ce genre est frappé d'une amende de 12 sous (tit. LXXII). Ici encore le système de la composition était entré dans les habitudes, et le législateur a bien de la peine à le faire disparaître.

[1] Cette loi forme le titre VIII du premier appendice. Elle n'est pas dans le code de Gondebaud.

Les crimes contre les mœurs sont restés soumis à l'ancien système du wergeld. Le ravisseur paye six fois le prix de la fille enlevée, et en outre douze sous d'amende. S'il ne peut payer, il est livré aux parents de la fille pour qu'ils en fassent leur volonté. Si c'est la fille qui est venue le trouver, il ne paye que trois fois (tit. XII). L'homme libre qui viole une femme esclave paye au maître 12 sous. L'esclave qui viole une femme esclave reçoit cent cinquante coups de bâton (tit. XXX). L'esclave qui viole une femme libre est mis à mort. Si une fille libre se joint volontairement à un esclave, tous deux sont mis à mort. La loi ajoute toutefois que, si les parents de la fille ne veulent pas la punir, elle sera seulement réduite *in servitutem regiam* (tit. XXV). L'homme qui a séduit une fille libre paye 15 sous (tit. XLIV). En cas de flagrant délit d'adultère, les deux coupables peuvent être tués impunément; mais, si l'un des deux est épargné, le wergeld est dû pour l'autre (tit. LXVIII). Si un homme marié commet un adultère avec une de ses parentes ou avec sa belle-sœur, il paye son wergeld au plus proche parent de cette femme, et en outre une amende de 12 sous. Quant à la femme, elle est réduite *in servitutem regiam* (tit. XXXVI).

La femme qui abandonne son mari est punie de mort, *necetur in luto*. Si la femme a commis un adultère ou un maléfice ou une violation de sépulture, le mari peut divorcer et livrer la coupable au juge, qui la punit selon la loi (tit. XXXIV). Lorsqu'une femme fiancée à un homme se marie avec un autre, ils payent l'un et l'autre leur propre wergeld (tit. LII).

Des dispositions nombreuses et très circonstanciées règlent tout ce qui concerne la poursuite des esclaves fugitifs. Une prime est accordée à celui qui les ramène à leur maître. Des amendes et, en certains cas, l'obligation de payer le prix de l'esclave sont la peine de tout fait d'assistance ou de recel[1] (tit. VI, XX, XXXIX).

Quiconque s'introduit dans une maison pour une querelle paye 6 sous au maître de la maison et 12 sous d'amende. Si c'est un esclave, il reçoit cent cinquante coups de bâton (tit. XV).

Nous verrons plus loin la peine du faux témoignage.

La dernière classe de délits et non la moins nombreuse est celle des torts et dommages matériels. Il y a sur ce sujet onze titres, dans le détail desquels il est inutile d'entrer. Contentons-nous de signaler le droit, reconnu au propriétaire, de saisir les bêtes en délit sur son fonds

[1] La loi interdit notamment de faire une perruque à l'esclave fugitif afin de le faire passer pour un homme libre : *si quis servo fugienti capillam fecerit.*

et de les retenir jusqu'au payement du dommage; l'abandon noxal pour les animaux qui ont tué ou blessé d'autres animaux; l'obligation, pour ceux qui tendent des piéges aux bêtes malfaisantes, d'en avertir le public, à peine d'être responsables des conséquences; l'absence de toute responsabilité pour les cas fortuits, etc. (titres XVIII, XXIII, XXV, XXVII, XLI, XLVI, XLIX, LVIII, LXIV, LXXII, LXXIII).

Parmi les dispositions relatives au droit civil, il faut signaler avant tout celles qui ont trait au mariage. La loi des Burgondes consacre ici l'ancienne coutume, d'après laquelle le futur mari achetait sa femme en payant aux parents de celle-ci un prix appelé *wittimon*. Les parents appelés à recevoir ce prix étaient d'abord le père et les frères. A défaut de père et de frères venaient l'oncle paternel (*patruus*) et la mère. Après la mère venaient les sœurs. D'après les indications de la loi (tit. LXVI), aucune de ces personnes n'était appelée à recueillir le tout. Le *wittimon* se partageait toujours en trois parties, dont une était remise à la future épouse pour sa parure (tit. LXXXIV, § 2 et 3). Des deux autres tiers un était remis au père et un autre aux frères, ou bien un à l'oncle paternel et un autre à la mère ou aux sœurs. Il suit de là que, si le père renonce au *wittimon*, le droit des autres appelés s'ouvre à défaut du sien (tit. LXXXIV, § 2). Si la femme devenue veuve est donnée à un second époux, le *wittimon* est payé aux parents du premier. Ce sont eux, en effet, qui ont le droit de la marier. Mais, si la femme convole en troisièmes noces, cette fois le *wittimon* lui appartient tout entier (tit. LXIX), du moins en jouissance viagère, car après elle le fonds revient toujours aux parents du mari défunt (tit. XLII). En aucun cas, et alors même que la femme meurt avant son mari sans laisser d'enfants, le *wittimon* ne peut être répété (tit. XIV).

Le taux du *wittimon* était probablement fixé par l'usage. Il paraît avoir été de 15 sous (225 francs). C'est du moins ce qui semble résulter du titre XLIV de la loi, et d'une constitution abrogée, formant le titre XIV du *primum additamentum*, d'après laquelle le *wittimon* était triplé à titre de peine dans le cas où le mariage avait eu lieu sans le consentement du père de la femme. D'après cette même constitution, le taux du *wittimon* aurait été de 15 sous si le mari était une personne de condition inférieure, de 50 sous si le mari était un noble ou même un homme de condition moyenne. Ainsi la différence tenait à la position du mari et non à celle de la femme. Dans tous les cas, elle a été abrogée, comme on le voit, par le titre XLIV de la loi. Le titre LXI supprime le triplement et porte que le *pretium nuptiale* sera toujours payé au simple, même quand le père n'aura pas consenti au mariage et que, par suite, le mariage sera annulé.

La femme ne pouvait donc se marier elle-même. Il fallait qu'elle fût mariée par quelqu'un. Sur ce point, le droit burgonde était d'accord avec le droit romain, qui exigeait le consentement du père. Nous avons vu cependant que la femme burgonde qui avait été mariée deux fois n'avait plus d'autorisation à demander à sa famille pour contracter un troisième mariage. C'était elle alors qui recevait le *wittimon*.

Le mariage burgonde n'était pas indissoluble. La femme, sans doute, ne pouvait pas abandonner son mari. C'était là un crime que la loi punissait de mort, mais le mari pouvait la renvoyer dans trois cas, à savoir pour adultère, maléfice ou violation de sépulture, et à la charge de la livrer au juge qui prononçait la peine portée par la loi. Le mari qui renvoie sa femme sans motif légitime est tenu de lui payer une somme égale au *wittimon*, et en outre, au fisc, une amende de 12 sous.

Indépendamment de la part qu'elle prenait dans le *wittimon*, la femme pouvait avoir des biens personnels qu'elle apportait en mariage. Il en est question dans le titre XIV. Mais ce n'était là qu'un accident. Au contraire, il était de règle que, le lendemain du mariage, le mari fît à sa femme une donation, connue, chez tous les peuples germaniques, sous le nom de don du matin, *morgengeba*, *donatio nuptialis*, ou même simplement *dos* (tit. XXIV, XLII, LXII). Les biens compris dans cette donation étaient frappés en quelque sorte de substitution au profit des enfants à naître. La femme en avait la jouissance viagère, mais sans pouvoir les aliéner. Si elle contractait successivement plusieurs mariages, elle cumulait toutes les donations nuptiales; mais, après son décès, les fils de chaque lit reprenaient les biens donnés par leur père. A défaut de fils, les biens donnés en *morgengeba* étaient partagés entre les parents de la femme et ceux du mari donateur.

Enfin, outre le *morgengeba*, qui était une donation portant d'ordinaire sur des corps certains, la loi burgonde attribuait à la femme un droit de succession sur les biens du mari, à la condition toutefois de ne pas contracter un nouveau mariage. Ce droit consistait dans la jouissance viagère du tiers de la succession, qu'il y eût ou non des fils (tit. XLII et LXII). Toutefois une novelle de Gondebaud (tit. LXXIV) réduit cette quotité au quart, s'il y a deux fils ou plus, et ajoute que le droit de la femme s'exercera seulement dans le cas où elle n'aurait pas d'autre ressource.

On vient de voir l'effet des secondes noces de la femme. Quant au mari, tout se réduisait à une question de succession à régler entre les enfants de plusieurs lits. Si, avant d'avoir des enfants du second lit, le père avait partagé avec les enfants du premier, ceux-ci ne pouvaient plus rien prétendre dans la succession paternelle, qui restait tout entière réservée aux enfants du second lit.

Ces dispositions supposent que la famille burgonde vivait en communauté sous l'autorité du père; mais cette communauté cessait ordinairement par un partage entre le père et les enfants. Le père n'étant, à proprement parler, qu'un administrateur, ne pouvait faire aucune disposition à titre gratuit que sur sa part, après partage; mais ses droits furent étendus par une novelle qui forme le premier titre du code. Désormais le père, même avant tout partage, pourra disposer *de communi facultate et de labore suo.* La terre patrimoniale seule, *terra sortis titulo acquisita*, restera inaliénable à titre gratuit.

L'ordre des successions ne nous est connu qu'imparfaitement. Les premiers appelés sont les fils, après eux les filles, après les filles les sœurs et les plus proches parents (tit. XV). Ici les frères ne sont même pas nommés, mais il est invraisemblable que la loi ait voulu les exclure (cf. tit. LI). Quant aux collatéraux, on peut supposer qu'ils étaient appelés dans l'ordre des parentèles, mais nous n'avons à cet égard aucune indication.

Le père a une part dans la succession d'un fils prédécédé (tit. LI), mais seulement en jouissance viagère. A son décès, les biens qu'il a ainsi recueillis font retour aux enfants de ce fils (tit. LXXVIII).

Si les filles ne viennent qu'après les fils dans la succession du père, elles ont, par contre, des avantages particuliers. Ainsi, lorsqu'une fille meurt sans laisser d'enfants et sans avoir testé, sa succession est dévolue à ses sœurs. Les frères ne la recueillent qu'en seconde ligne (tit. LI). Les filles recueillent encore, de préférence aux fils, les parures de leur mère, *ornamenta et vestimenta matrimonialia*, à moins que la mère n'en ait autrement disposé par testament (tit. LI, § 3 et 4; tit. XIV, § 6). Le titre LXXXVI du code permet au père de donner à ses filles ou à l'une d'elles ce qu'il appelle *mala hereda*, en toute propriété. Malheureusement le sens de ces mots nous échappe et tous les efforts faits jusqu'à ce jour n'ont pas réussi à en donner une explication certaine.

La fille religieuse qui a été apportionnée par le père peut librement disposer de sa portion. Si le père est décédé sans avoir fait de partage, elle a droit à une part d'enfant sur la terre patrimoniale (*sors*), sans que cette part puisse jamais dépasser le tiers, et en jouissance viagère seulement (tit. XIV).

La mère veuve avait aussi un droit de jouissance viagère sur tous les biens laissés par son fils ou sa fille décédés sans avoir fait de testament (et apparemment sans descendance). Une novelle de Gondebaud décide qu'à l'avenir la succession sera partagée par moitié entre la mère et les parents du défunt. Ainsi, au lieu de l'usufruit du tout, la mère recueillera la moitié en toute propriété (tit. LIII).

On sait que le droit de représentation était généralement inconnu dans les anciennes lois barbares, mais qu'il tendait à s'y introduire. La loi des Burgondes fait un effort en ce sens. Elle suppose un petit-fils en concours avec une fille. Le fils partageant avec son père aurait eu droit à la moitié. Cette moitié revient de droit au petit-fils; mais l'autre moitié, qui formait la part du père, au lieu d'être attribuée en entier à la fille, sera partagée également entre elle et le petit-fils. Cette solution s'appliquera quel que soit le nombre des filles. Le petit-fils prendra ainsi les trois quarts, mais la petite-fille ne prendra que la moitié. L'un et l'autre sont toujours exclus par les oncles (tit. LXXV).

Les règles que nous venons d'exposer sur la dévolution des successions ne s'appliquent qu'à défaut de donation ou de testament. Contrairement aux principes de l'ancien droit germanique, le Burgonde peut disposer de ses biens par testament comme le Romain. Les formalités sont d'ailleurs extrêmement simplifiées. Il n'est même pas nécessaire qu'il y ait un acte écrit. La loi se contente de cinq ou sept témoins, même de trois s'il s'agit d'un petit patrimoine (tit. XLIII). Elle veut seulement, suivant l'ancienne coutume, qu'on tire l'oreille aux témoins pour leur inculquer le souvenir de l'acte passé sous leurs yeux (tit. LX). La règle est la même pour les affranchissements (tit. LXXXVIII).

La tutelle des mineurs appartient d'abord à la mère non remariée, ensuite à l'aïeul paternel et enfin au plus proche parent (tit. LIX et LXXXV). La minorité dure jusqu'à l'âge de quinze ans. Jusque-là le mineur ne peut ni affranchir, ni vendre, ni donner, à peine de nullité. L'action en nullité dure quinze ans à partir de la majorité (tit. LXXXVII).

Nous avons déjà vu que le colon prescrivait par quinze ans la liberté de sa terre. Une ancienne constitution, insérée au titre XVII du code, éteignait toutes les actions qui remontaient au delà de la bataille de Mauriac, *pugna Mauriacensis*, c'est-à-dire de la guerre contre les Huns qui, suivant la chronique de Prosper d'Aquitaine, s'était terminée par l'anéantissement du peuple burgonde. Une novelle de l'an 515 introduisit d'une manière générale la prescription romaine de trente ans pour toutes les actions réelles ou personnelles (tit. LXXIX).

Il ne nous reste plus à parler que de la procédure. En matière criminelle, le droit burgonde emprunte au droit romain la formalité de l'accusation avec inscription. La preuve se fait pour les esclaves et les colons par la torture, pour les hommes libres, tant Barbares que Romains, par le serment. L'accusé se présente avec douze cojureurs pris parmi ses plus proches parents, de préférence sa femme et ses enfants, son père et sa mère. Il prête serment en présence de trois personnes déléguées par le juge et devant son adversaire. Si le serment est reconnu faux, le coupable paye neuf fois le montant de la condamnation (tit. VII et VIII). En toute matière la partie poursuivante peut refuser le serment offert par le défendeur et l'affaire se termine alors par le jugement de Dieu, c'est-à-dire par le combat entre la partie poursuivante et l'un des témoins présentés comme cojureurs [1]. Si le poursuivant tue son adversaire, tous les témoins offerts sont condamnés à 300 sous d'amende; s'il est tué, sa succession paye neuf fois l'indemnité fixée par la loi (tit. XLV, LXXX). Celui qui accuse un esclave ou un colon est tenu de consigner le prix de l'accusé. S'il triomphe, la somme lui est restituée. Dans le cas contraire, elle est attribuée au maître de l'esclave ou du colon innocent (tit. LXXVII).

L'exécution des jugements, dans l'intérêt du fisc, était confiée à des esclaves royaux appelés *Wittiscalci*, chargés de percevoir les amendes. La loi les couvre d'une protection spéciale. Toute voie de fait contre eux est punie d'une amende triple (tit. LXXVI). Quant aux intérêts des parties, c'est à elles-mêmes qu'il appartient d'y pourvoir en saisissant les biens ou la personne de la partie condamnée. Une disposition expresse, commune à la *lex romana* (tit. XIV) et à la *lex Burgundionum*, et empruntée à une constitution impériale, insérée au code Hermogénien, interdit toute saisie avant jugement. C'est l'abrogation de la coutume primitive qui faisait, au contraire, de la saisie, *pignoris capio*, le préliminaire obligé de toute action en justice. La loi burgonde conserve même la saisie préalable dans un cas, celui où une personne reconnaît sa chose entre les mains d'une autre (tit. LXXXIII). En ce cas elle a le droit de saisir, à ses risques et périls, à moins que le détenteur ne donne caution (tit. XIX).

Le cautionnement jouait un grand rôle dans toute la procédure. C'est un des contrats les plus usuels du droit primitif. D'abord toute personne comparaissant en justice devait fournir caution de se représenter (tit. LXXXII). L'obligation de la caution était purement personnelle et ne passait pas à ses héritiers. Le cautionnement était aussi employé pour

[1] L'usage du duel judiciaire existait encore en Bourgogne au IXe siècle. Voir Agobard, *adversus Gundobadi legem*, édit. Baluze, I, 107.

garantir l'exécution d'une obligation contractuelle ou d'une condamnation prononcée. La caution qui avait payé avait un recours au triple contre le débiteur principal.

Telles sont les principales dispositions du code de Gondebaud. L'ordre systématique dans lequel nous les avons rangées permet d'en saisir le caractère. L'auteur ne s'est pas borné à rédiger une coutume, ni même à combiner les anciens usages des Burgondes avec les règles du droit romain. Il a voulu faire une législation nouvelle, non pas fondue d'un seul jet comme nos codes modernes, mais contenant toutes les mesures prises à différentes époques par les rois burgondes en vue de pourvoir aux besoins du peuple qu'ils gouvernaient. A ce point de vue, la loi Gombette se distingue profondément de la loi Salique et des autres lois purement germaniques pour se rapprocher de la loi des Visigoths et de l'édit de Théodoric.

Il nous reste encore à dire quelques mots des deux appendices. Nous avons déjà vu qu'ils ne peuvent faire partie du code. L'analyse des dispositions qu'ils contiennent confirme les conclusions auxquelles conduit l'examen des manuscrits. Le premier appendice, qui se compose de vingt titres, comprend ou des constitutions anciennes, abrogées et remplacées par des dispositions insérées au code, ou des emprunts faits par quelque praticien au code Théodosien, et n'ayant jamais eu force de loi dans le royaume burgonde. La démonstration faite sur ce point par M. de Hubé paraît péremptoire. Nous n'y ajouterons qu'un mot. Un des titres de l'appendice se termine par ces mots : *Sub titulo C. V. invenimus Constantini.* On entend généralement cette abréviation comme signifiant *clarissimi viri.* Mais cette explication est inadmissible. Le titre de *vir clarissimus* était d'un rang inférieur dans la hiérarchie romaine et n'a jamais été porté par les empereurs. Nous croyons qu'il faut lire *Sub titulo Codicis quinto.* La disposition dont il s'agit est en effet empruntée pour le fond à une constitution de Constantin qui se trouve au titre V du livre VIII du code Théodosien, dont la rubrique est : *De cursu publico angariis et parangariis.*

Le premier *additamentum* doit donc être considéré comme une œuvre privée, et par suite il n'y a pas lieu d'en rechercher la date. Il en est tout autrement du second *additamentum*, qui renferme des dispositions législatives très importantes et d'un grand intérêt historique.

La date peut en être déterminée d'une manière approximative. Cette constitution ne peut être antérieure à l'an 517, car alors on ne comprendrait pas pourquoi elle n'a pas été insérée dans le code. En tout cas elle n'est certainement pas antérieure à l'an 507. En effet elle permet de refuser dans le commerce les monnaies d'or des Visigoths, parce que *a tempore Alarici regis adærati sunt*. Le temps du roi Alaric est pris ici comme déjà passé; or Alaric II, le seul roi de ce nom qui ait frappé des pièces d'or, a été tué en 507 à la bataille de Vouillé.

On objecte, il est vrai, que, d'après un des deux manuscrits qui en donnent le texte, cette constitution a été faite dans une assemblée tenue à Ambérieux; or le titre XLII du code est une constitution faite aussi dans une assemblée tenue à Ambérieux en 502. De ce rapprochement on a conclu que les deux constitutions avaient été faites à la même date, dans une seule et même assemblée[1]. Il suffit de répondre que rien n'est moins prouvé et qu'il a pu se tenir plusieurs assemblées dans le même lieu à plusieurs années de distance.

Le problème de la date se trouvant ainsi circonscrit entre les années 517 et 534, c'est-à-dire entre la promulgation du code de Sigismond et la destruction du royaume des Burgondes, on peut admettre que la constitution qui forme le second *additamentum* a été publiée en 523, au moment où Godomar est monté sur le trône, luttant contre les Francs qui avaient envahi la Bourgogne, battu et tué Sigismond, et ravagé tout le pays[2].

La constitution parle de ce qui a été fait au jour de la défaite, *tempore excidii*. Elle traite de la rançon des captifs. Elle prend des mesures réparatrices. Elle fait un appel à l'union et à la concorde. Elle s'efforce de contenter les Romains en diminuant leurs charges, l'église catholique en lui assurant la plus entière sécurité. La date de 523 peut donc être acceptée.

Voici en quoi consistent ces mesures.

Les hommes libres revenant de captivité trouvent leurs esclaves en d'autres mains. Leurs parents les ont crus morts et ont pris possession de ces esclaves; ou bien ce sont des tiers qui s'en sont emparés, ou bien encore ces esclaves, considérés comme étant sans maître, ont été concédés par le roi, à titre de don. Leurs anciens maîtres les reprendront néanmoins, sans rien payer pour leur nourriture, laquelle se compense avec les services qu'ils ont pu rendre. L'esclave que son maître a vendu à l'étranger et qui revient, poussé par l'amour du pays, est libre, mais ne peut avoir d'autre patron que son ancien maître. Les Visigoths emmenés en captivité par les Francs seront reçus en Bourgogne, s'ils y parviennent et veulent y rester. Si un homme libre,

[1] En ce sens Blume, Jahn. M. de Hubé est aussi de cette opinion, p. 231; c'est le seul point sur lequel nous nous séparons de lui. — [2] C'est aussi l'opinion de Binding, note 898.

emmené en captivité par l'ennemi, revient libre sur parole, avec une femme libre qu'il a rachetée pour en faire son épouse, c'est lui et non cette femme qui supportera la charge de la rançon. Tous étrangers seront reçus dans le pays sans que personne, pas même le roi, puisse les réduire à la condition de serfs.

La monnaie d'or ne pourra être refusée dans les échanges pourvu qu'elle soit de poids. Il y a toutefois quatre sortes de monnaies d'or qui sont mises hors du commerce : ce sont certaines pièces frappées à Valence et à Genève par les frères de Gondebaud, et les pièces visigothiques, qui sont mélangées de cuivre depuis le règne d'Alaric. Il paraît que les Visigoths, vaincus et ruinés par Clovis, avaient cherché une ressource dans l'altération de leurs monnaies.

La caution ne peut être poursuivie qu'après une triple mise en demeure adressée au débiteur principal. D'après l'ancien droit, au contraire, le créancier devait poursuivre avant tout la caution.

Les Francs ne s'étaient pas contentés d'emmener et de rançonner les personnes libres. Ils avaient encore mis la main sur les esclaves et les avaient vendus quand ils avaient trouvé acheteur. Ces esclaves seront rendus à leurs anciens maîtres contre remboursement du prix de vente loyalement payé, sans fraude ni collusion. Il n'y aura aucune répétition pour frais de nourriture.

Toute infraction à la présente constitution sera punie d'une amende de 12 sous (180 francs).

Les juges devront poursuivre les crimes, surtout les crimes de violence, et prononcer les peines portées par la loi (*sicut lex parentum nostrorum continet*), et n'admettre aucune composition, sous peine d'amende. Cette disposition est très intéressante. L'auteur se réfère à une loi émanée de son père, substituant la peine de mort à la composition. Cette loi est celle de Gondebaud, titre II, § 1 du code. Nouvelle preuve à l'appui de l'opinion qui attribue le *secundum additamentum* à un fils de Gondebaud. D'autre part, l'interdiction prononcée par cette constitution montre combien la réforme introduite par Gondebaud avait eu de peine à passer dans les mœurs. Les juges y résistaient autant que les parties.

L'ancienne loi des partages est maintenue, mais avec de grands tempéraments. Les Burgondes récemment arrivés et non encore apportionnés ne recevront plus que la moitié et non les deux tiers des terres, et n'auront aucune part des esclaves, tandis que l'ancienne loi leur en accordait la moitié.

Les églises seront respectées ainsi que le clergé. Enfin le roi ne fera aucune concession gracieuse qu'aux personnes qui se présenteront avec une lettre du comte, et après une information établissant que la chose dont la concession est demandée peut être donnée sans porter atteinte à aucun droit. Il est permis de conjecturer qu'après une guerre désastreuse et meurtrière beaucoup de biens se trouvaient vacants et sans maître, et que les survivants demandaient la concession de ces biens en récompense de leurs services.

Si nous avons reproduit cette constitution de Godomar presque intégralement, c'est parce qu'elle forme à elle seule une page d'histoire. Par les remèdes qu'elle prescrit, on peut mesurer l'étendue du mal que la guerre avait fait.

La loi des Burgondes s'est maintenue longtemps en vigueur. Les manuscrits qui nous en ont transmis le texte sont du IXe et du Xe siècle; au XIe siècle, la loi Gombette est encore invoquée dans plusieurs chartes de Cluny. On en retrouve des traces dans les coutumes de la Bourgogne, de la Franche-Comté et de la Suisse romande. C'est donc un monument important de notre histoire. Il est vivement à désirer que les matériaux amassés par M. Valentin-Smith avec un rare dévouement à la science ne restent pas sans emploi et servent prochainement à la publication d'une édition définitive.

Imprimerie nationale. — Juillet 1891.

www.ingramcontent.com/pod-product-compliance
Ingram Content Group UK Ltd.
Pitfield, Milton Keynes, MK11 3LW, UK
UKHW032039260826
14628UKWH00007B/3053

9 782019 239749